EDMOND COLLIGNON

L'ARMÉE DE SEDAN

Aux Environs de Reims

L'armée à La Neuvillette.
Les turcos. — Suicide d'un soldat.
Les populations voisines. — La plaine de Saint-Thierry.
*L'empereur à Courcelles. — Le batelier R***.*
Les soldats chez l'habitant. — Les généraux et l'armée.
Le Maréchal de Mac-Mahon.
Un survivant de Reichshoffen. — Une panique.
Le départ. — La situation au mois d'août 1870.
Les Prussiens. — Dix ans après.

Prix : **1** Franc

1888

L'ARMÉE DE SEDAN

aux environs de Reims

EDMOND COLLIGNON

L'ARMÉE DE SEDAN

Aux Environs de Reims

L'armée à La Neuvillette.
Les turcos. — Suicide d'un soldat.
Les populations voisines. — La plaine de Saint-Thierry.
L'empereur à Courcelles. — Le batelier R***.
Les soldats chez l'habitant. — Les généraux et l'armée.
Le Maréchal de Mac-Mahon.
Un survivant de Reichshoffen. — Une panique.
Le départ. — La situation au mois d'août 1870.
Les Prussiens. — Dix ans après.

Prix : **1** Franc

DU MÊME AUTEUR :

Les Prussiens en Champagne

(En préparation)

I

E dimanche 21 août 1870, la chaleur était accablante.

Vers deux heures de l'après-midi, je me trouvais devant la porte de la maison qu'habitait mon père, lorsqu'un bruit de pas de chevaux heurtant le pavé de la route me fit lever la tête.

Cinq cavaliers s'avançant étaient à quelques mètres de moi.

Leurs chevaux, blancs d'écume et comme paraissant fatigués d'une longue course, avaient ralenti leur allure. Les hommes qui les montaient

— quatre soldats et un sous-officier — appartenaient au régiment des lanciers de la garde de l'Impératrice.

Ils s'arrêtèrent, et l'un d'eux, le chef du petit détachement, m'adressa cette question :

— A quelle distance sommes-nous du village de Saint-Thierry ?

J'allais répondre, lorsqu'un voisin qui s'était approché le fit pour moi.

— A quatre kilomètres environ, dit-il.

— Merci, reprit le soldat.

Et il ajouta :

— Préparez à boire et à manger, car quarante mille hommes sont derrière, et vont passer ici.

Le lancier piqua son cheval et continua sa route.

A peine avait-il tourné bride, qu'à l'horizon apparut, soulevant devant elle comme un nuage de poussière, une masse noire et compacte qui s'avançait bruyamment.

C'était un bataillon de chasseurs à pied. Il précédait l'armée française qui venait chercher dans nos plaines le repos que les fatigues d'une longue étape paraissaient rendre si nécessaire.

A partir de ce moment, le défilé se poursuivit ; il se prolongea jusqu'au lendemain.

Après les chasseurs à pied, vinrent les fantassins de la ligne, puis l'artillerie, suivie de nombreux cavaliers : dragons, lanciers, chasseurs et cuirassiers.

Pendant un jour et une nuit, la route fut encombrée d'hommes et de chevaux, de canons et d'équipages, et le sol trembla sous cette avalanche tumultueuse.

En un instant, le village de La Neuvillette fut mis à sec.

Les habitants, qui n'avaient pas été avertis de l'arrivée de nos soldats, distribuèrent sans parcimonie les provisions qu'ils tenaient en réserve, de sorte qu'une demi-heure après le passage du premier régiment, il ne leur restait plus ni pain, ni vin, ni denrées alimentaires d'aucune sorte.

Pénurie lamentable ! L'eau, l'eau même manqua. La sécheresse de la saison était extrême, et par conséquent les puits très bas. Ils furent taris en quelques minutes.

Les soldats, la gorge desséchée par la chaleur,

les yeux brûlés par la poussière, pénétraient dans les habitations pour demander, pour réclamer à boire. On leur faisait voir les citernes vides, les caves épuisées, et ils s'en allaient mécontents, hagards, la bouche pleine de jurons et de menaces pour l'habitant, qu'en leur caractère aigri par les souffrances cuisantes du besoin ils accusaient quand même de mauvaise volonté.

Pauvres malheureux soldats!

Sur le côté de la route, à l'endroit où est aujourd'hui la place communale, un capitaine d'infanterie tombe frappé d'insolation ; ses soldats s'empressent autour de lui. Il demande un verre d'eau. Il n'y a pas d'eau, pas une goutte, nulle part. On ne remonte plus qu'un liquide boueux, une vase crayeuse des puits où l'on descend vainement le seau pour la millième fois.

Si les hommes sont accablés de fatigue, les chevaux le sont encore plus. Les pauvres bêtes, qui n'ont rien mangé ni rien bu depuis la veille, refusent d'avancer davantage. Beaucoup s'affaissent sous le poids de leur cavalier.

De là, des arrêts subits, des chocs, des plaintes, des cris, des gémissements, mêlés au bruit sourd des essieux et des batteries rebondissant sur le pavé.

Des remous dangereux se produisent dans la marche de cette armée confuse, qui se répand, s'élargit dans les plaines avoisinantes, et forme un immense camp dont les feux, le soir, embrasent le ciel, ainsi qu'une aurore boréale.

II

Jamais nos calmes campagnes n'avaient vu semblable débordement de soldats.

Cette armée française, qui nous arrivait si inopinément, était composée de vingt-neuf brigades, quinze divisions, quatre corps d'armée : 80,000 hommes.

Elle était commandée par le maréchal de Mac-Mahon.

L'état-major général se trouvait à Courcelles, avec l'Empereur, descendu au château de Mme Senart.

Sur toute la longueur du canal, à partir de Sillery, en passant par Cormontreuil, Saint-Brice,

La Neuvillette, jusqu'au pont dit *de Bétheny*, était échelonnée la cavalerie, recherchant ces rives à cause de la présence de l'eau facile à puiser, et à cause aussi de l'abondance de l'herbe fourragère qui croît dans les remblais.

Le surplus de l'armée couvrait les vallons.

A La Neuvillette avaient déployé leur tente les soldats de la ligne et du génie, ceux de l'infanterie de marine qui devaient mourir si héroïquement à Bazeilles quelques jours plus tard, enfin plusieurs régiments de zouaves et de turcos.

Ces derniers, les turcos, avaient pour moi et les enfants de mon âge un attrait tout particulier.

Nous avions souvent entendu lire par nos pères les récits de leurs prouesses devant l'ennemi, et le renom qui accompagnait ces fils du soleil, au teint bronzé et aux regards de flamme, avait le don d'échauffer nos jeunes enthousiasmes.

Nous leur faisions des cigarettes, coiffions leurs turbans, pendant que les plus hardis d'entre nous tiraient du fourreau leurs sabres-baïonnettes dont nous savions que les Prussiens avaient une si grande peur.

Nous avons passé ainsi de bien joyeux moments, égarés dans leur camp où ils nous laissaient pénétrer, et où « ces bons amis », comme nous les appelions, prenaient part à nos jeux frivoles.

Doux et braves turcos! Où sont-ils à l'heure où j'écris ces lignes?

Qu'est devenu surtout celui auquel je m'étais plus particulièrement attaché, peut-être parce qu'il se distinguait des autres par sa haute taille, et qui m'avait donné des balles prussiennes ramassées par lui à Wissembourg, — balles que j'ai conservées comme un précieux souvenir?

Dispersés, morts sans doute, enfouis dans les plaines de Sedan, où ils se sont fait écraser sous les obus allemands!

III

Dans la soirée du dimanche, un évènement se produisit qui émut douloureusement notre population.

On découvrait à l'extrémité du premier cavalier de droite du canal le corps d'un jeune soldat qui venait de se suicider.

O douleur patriotique ! Les Prussiens ne nous en tuaient-ils donc pas assez, de ces pauvres enfants de la France, sans qu'ils allassent d'eux-mêmes se précipiter dans la mort !

Une enquête fut faite sur le champ ; elle établit que le malheureux avait succombé à la crainte de se voir puni par ses chefs, auxquels il ne pouvait représenter son fusil, son arme.

Voici ce qui s'était passé.

L'armée avait dû pour ainsi dire se dissoudre en pénétrant dans notre village, où les maisons élevées de chaque côté, diminuent la largeur du chemin.

A l'entrée de la rue, les fronts de colonne et leur suite, étaient contraints de se rétrécir, de marcher pêle-mêle dans l'étroit passage, où les arrêts, les heurts inévitables dans une pareille cohue, troublaient en les déformant, l'ordre des sections.

Plus d'un soldat se sépara ainsi de son régiment, qu'il ne put retrouver qu'après l'avoir longtemps cherché.

Or, il était dans ce cas, celui qu'on venait de relever sous un arbre, pantelant et respirant encore.

Séparé de ses compagnons, et après avoir en vain tenté de les rejoindre, il était entré, exténué, dans une auberge pour s'y rafraîchir et s'y reposer, et en arrivant, il s'était déchargé de son fusil.

Mais ce fusil, il ne le vit plus quand il voulut sortir. Un autre l'avait enlevé, le prenant pour celui d'un camarade qui, lui-même, avait déjà emporté le sien.

Cette erreur, qui devait avoir d'aussi fatales conséquences, fut expliquée plus tard. Mais le pauvre soldat, resté les mains vides de l'arme à lui confiée pour la défense de la Patrie, redoutant les reproches de ses supérieurs qui allaient faire éclat de son indignité, avait préféré la mort à la honte.

Deux troupiers s'en furent quérir des pioches, firent un trou profond et y enfouirent le corps du malheureux.

Il est enterré à l'endroit même où il fut relevé ; et pendant des années, des mains pieuses et bien françaises, des jeunes filles que la destinée a depuis séparées et dispersées aux quatre coins du pays, ont porté des fleurs sur sa tombe aujourd'hui effacée.

Je pense quelquefois à ce soldat, dont, après dix-huit années, je retrouve vaguement les traits ; à ce soldat dont on ignore ici le nom, et que peut-être encore à l'heure qu'il est sa mère pleure, ignorant et se demandant dans son inconsolable douleur, quel sol, quelle terre abrite les restes de l'enfant que la guerre lui a pris.

IV

Les populations voisines affluèrent chez nous, dès qu'elles apprirent l'arrivée des soldats de Mac-Mahon.

Cette curiosité s'expliquait dans un temps où les nouvelles qu'on recevait de l'armée, nouvelles toujours inquiétantes, toujours mauvaises, provoquaient dans le pays de si vives et de si douloureuses émotions.

On aime beaucoup le troupier en France; il est donc bien naturel que la sympathie qu'il inspire augmente à mesure que s'accroissent ses peines matérielles ou morales. Or, depuis le début de la campagne, elles s'étaient terriblement accrues pour lui dans un sens et dans l'autre.

Dès les premiers combats livrés sur les bords du Rhin, le malheur s'était abattu sur nos armes, et on n'ignorait pas que plusieurs des corps d'armée disséminés autour de nous avaient pris part à ces combats désastreux.

Les uniformes lacérés des soldats attestaient de leur présence au feu, et beaucoup pouvaient montrer des blessures non encore cicatrisées.

Un grand nombre aussi des curieux accourus de partout avaient à l'armée un fils, un frère, un parent dont les lettres devenaient rares ou n'arrivaient plus ; ceux-là venaient avec l'espoir de retrouver le cher absent, ou d'apprendre ce qu'il était devenu.

Le coteau de Saint-Thierry présentait un aspect des plus pittoresques.

On allait regarder les tentes nombreuses qui, comme une multitude de mamelons animés, le sillonnaient de toutes parts, — s'étendant à partir de la ligne du canal jusqu'aux murs du parc Camus, et transversalement, de la route de Laon à la propriété *des Marêtz*, où un général, le général Lebrun, je crois, était logé.

Les soldats, causant entre eux, apprêtaient philosophiquement la soupe.

L'artillerie, rangée sur la bordure de la route, attirait beaucoup les visiteurs.

On remarquait en cet endroit des stationnements persistants.

Chacun éprouvait, du reste, le désir de voir de ses yeux les fameuses mitrailleuses auxquelles des vantardises intéressées avaient fait un faux renom, et qui, avait-on dit, devaient balayer la voie qui nous conduirait en quinze jours à Berlin.

De quelles amères déceptions ne devions-nous pas être abreuvés! Mais nous vivions sous le règne favorable à ces hommes sinistres qui déclaraient nous engager « d'un cœur léger » dans cette folle entreprise, et qui de plus, assuraient, à la face du pays, que nous étions prêts pour la guerre « cinq fois prêts », alors que personne l'était moins que nous (1).

---

(1) Paroles prononcées à la séance du Corps législatif du 15 juillet 1870 par M. Émile Ollivier et par le Maréchal Lebœuf, tous deux ministres de l'Empire.

Coupable imprudence des nations qui remettent leur sort en des mains si imprudentes et si malhabiles !

On allait aussi à Courcelles pour y voir l'Empereur ; mais il ne sortait guère de ses appartements. L'accueil fait à Sa Majesté à son entrée à Reims ne l'encourageait pas, paraît-il, à se produire.

Revirement des choses humaines !

Comme nous étions loin des ovations du camp de Châlons, où l'on faisait parader, sous le beau soleil d'août, notre armée qu'un ennemi séculaire, constamment en éveil et voué depuis de longues années à une organisation froide et méthodique, s'apprêtait à pulvériser.

Le temps des enthousiasmes aveugles n'était plus, car la réalité implacable apparaissait aux moins clairvoyants.

Je pus cependant entrevoir l'Empereur une seule fois, le lendemain de son arrivée, à la tombée de la nuit. Il descendait de sa berline pour rentrer au château dont il avait fait son quartier général. Enveloppé d'un long manteau doublé d'écarlate, l'œil morne, il paraissait abattu.

Les soldats le regardaient passer avec indifférence.

V

Comme il est dit que les tragédies même les plus noires doivent avoir leur côté comique, il fallut que celle qui se déroulait devant nos yeux eût nécessairement le sien.

Il est vrai que la comédie, cette fois, aurait pu tourner au drame, et même au drame sanglant, puisqu'il s'agissait de rien moins que de fusiller le personnage principal de l'action.

Ce personnage était représenté par un brave homme du nom de R...

Ce R... possédait, heureusement pour lui, on va le voir, de nombreuses connaissances à La Neuvillette, où il passait de temps en temps avec des marchandises chargées sur un bateau qu'il conduisait comme patron.

L'accent de son pays, — il était natif du Nord et s'en flattait à tout propos, — son patois imagé et bizarre, donnaient à sa conversation je ne sais quelle tournure plaisante qui la faisait rechercher.

Nous le distinguions de ses confrères à cause de cela.

Quant à être un mauvais homme, R... s'en défendait avec juste raison.

Le seul défaut qu'on lui connût — il faut dire qu'il en faisait montre un peu trop volontiers — gisait en un amour désordonné pour la bouteille, que son tempérament ne savait pas tolérer vide.

Or, ce jour-là, la chaleur aidant, il en avait fait remplir un certain nombre, — tellement que vers le soir, et en même temps que les fumées du vin tourbillonnaient dans son cerveau, il se sentait gagner par des idées belliqueuses jusqu'alors inconnues chez lui.

Il allait aux soldats, les haranguait, distribuant autour de lui force poignées de main.

Puis, il offrit à boire, parbleu !

Jusqu'ici, rien que d'assez ordinaire, le mal n'était pas très grand. Mais une fois qu'il se fut abouché avec les soldats, voilà-t-il pas qu'il se mit en tête de les faire causer et d'obtenir d'eux certaines indications sur la manière dont était composée l'armée de passage.

De combien de soldats disposait-elle ? Combien de cartouches chacun avait-il à tirer ? En un mot, de quelle quantité de Prussiens pouvait-on se charger de « l'affaire » ? — Voilà ce que R... demandait qu'on lui dît.

Outre que les renseignements auxquels il paraissait tant tenir ne devaient avoir pour lui qu'un intérêt tout à fait relatif, l'insistance qu'il y voulut mettre fit croire aux soldats interpellés qu'ils se trouvaient en présence d'un espion simulant l'ivresse. — R... se serait plutôt fait pendre que de simuler quoi que ce fût ; mais les soldats n'étaient pas obligés de savoir cela.

D'un autre côté, notre homme, avec ses cheveux fauves et sa barbe rutilante plantée en broussailles, ressemblait assez à un « blond » enfant de la Germanie ; — bref, on se disposait à lui régler très sommairement *son affaire*, à lui, lorsque par bonheur des personnes de l'endroit intervinrent et firent relaxer l'indiscret batelier.

Le pauvre R... se débattait comme un diable riboteur qu'on plongerait dans un bénitier plein d'eau, et il me semble l'entendre encore éclater en protestations dans ses révoltes patriotiques.

— *Mi, m'prinde pou Pruchien,* vociférait-il, *mi, infint du Nord!*

Et le pauvre R... qui n'y comprenait rien, croisant les bras, hochant la tête, avait des haussements d'épaules indignés.

VI

BEAUCOUP de soldats égarés avaient demandé à loger chez l'habitant.

Comme ceux-là étaient nombreux, on les couchait un peu partout, dans les chambres, dans les granges et jusque dans les greniers. Leur exigence n'était pas grande; pourvu qu'ils fussent à l'abri, ils s'étendaient volontiers n'importe où, la tête appuyée sur leur sac.

Hélas! le logis était la seule chose que nous pussions leur offrir, car, je l'ai déjà dit, nos vivres étaient épuisés. Quant à compter sur un ravitaillement immédiat, il n'y fallait pas songer ; le surcroît de bouches avait nettoyé les magasins des marchands.

Bientôt, la seule boulangerie que le village possédât fut réquisitionnée par la troupe, qui, comme bien l'on pense, pétrit exclusivement pour elle, de sorte qu'il ne nous fut même plus possible de nous procurer du pain.

Des sentinelles gardaient les portes de la boulangerie, et personne n'y pouvait pénétrer.

Je me souviens d'avoir eu faim. Un soldat, un petit lignard logé à la maison, eut pitié de moi et me donna une part de ce qu'il nommait en plaisantant « sa boule de son ». Je lui dois ce morceau de pain-là !

Heureusement, la ville vint à notre secours et mit fin à nos privations.

Puis, des ressources inattendues arrivèrent ; on eut entre autres, au village, de la viande de lièvre à volonté, car les soldats capturèrent un nombre considérable de ces animaux, très abondants cette année-là, et qui, voyant leurs domaines envahis, effarés, et ne sachant où se réfugier, se laissaient prendre à la main.

Les soldats, suivant la grosseur, les vendaient vingt ou trente sous.

Tout à coup, le temps, qui avait été très beau pendant les jours précédents, s'assombrit, et une pluie torrentielle se mit à tomber, en même temps qu'un grand vent souffla furieusement.

Les heures s'écoulaient, entretenant dans une anxiété toujours croissante nos populations qui ne savaient qu'augurer de l'indécise situation que leur créait la présence des troupes françaises.

Étions-nous appelés à vivre longtemps ainsi?

Les corps d'armée étendus autour de nous y étaient-ils venus pour disputer le passage aux Allemands qu'on signalait comme s'approchant?

Nul ne le savait, et les soldats moins que personne.

Les officiers eux-mêmes gardaient un silence discret.

VII

Les généraux inspectaient les campements, suivis de leurs officiers d'état-major.

Ils profitaient de quelques jours de répit que leur accordaient les circonstances pour mettre un peu de l'ordre nécessaire dans leurs corps d'armée respectifs.

L'intendance, dont le fonctionnement était loin d'être irréprochable, les obligeait à des démarches sans cesse renouvelées et pas toujours suivies du résultat attendu.

On entendait à chaque instant des soldats se plaindre d'avoir été oubliés dans la distribution des vivres, et c'était pour tout le monde un grand serrement de cœur de constater le bien fondé de ces plaintes.

Le spectacle d'un pareil désarroi dans l'armée qui formait le pivot des opérations militaires ne devait pas réconforter les esprits inquiets, ni rendre confiance à ceux qui désespéraient déjà.

Quant au commandant en chef, il était, on peut dire, le Briarée de la situation.

Sous un simple dolman sans insignes distinctifs, il allait au galop de son cheval, suivi d'un chasseur-trompette, d'un point à l'autre de l'immense camp, donnant promptement ses ordres pour aller plus vite ailleurs.

Le lundi, vers quatre heures du soir, il s'était arrêté aux environs de la Croix-Simonar, sur la route de Laon, pour s'entretenir avec un officier venu à sa rencontre.

Un groupe de curieux s'était formé autour de lui, mais ces curieux ignoraient se trouver en présence de Mac-Mahon.

Je viens de le dire, rien dans sa tenue n'indiquait son haut grade.

Au nombre des civils arrêtés là s'était joint M. B..., directeur d'un journal rémois, qui connaissait Mac-Mahon pour l'avoir vu plusieurs fois.

M. B... le nomma à haute voix.

Aussitôt, toutes les têtes se découvrirent et les cris de : Vive Mac-Mahon ! se firent entendre.

Le Maréchal salua de son képi, et comme s'il eût été contrarié de cette ovation, il repartit dans la direction de Reims, toujours suivi de son chasseur.

Il paraissait soucieux, et dans son regard assombri se pouvaient lire bien des pensées de profonde tristesse.

Mac-Mahon saignait-il dans son grand cœur de soldat accablé par les adversités, et entrevoyait-il la catastrophe vers laquelle on l'entraînait malgré lui?

Toujours est-il que cette armée qu'il avait groupée, débris des régiments de Wissembourg et de Frœschwiller, renforcés de nombreuses recrues prises un peu partout, il ne la voyait pas s'attarder sans péril à une inactivité qu'en sa vieille expérience il savait paralysante.

C'est sans doute pour écarter ce péril qu'il voulait se montrer à ses soldats, s'informer de leurs besoins, donner des ordres pour qu'on y remédiât, leur prouvant ainsi que leur chef n'avait rien perdu ni de son énergie, ni de son espoir.

VIII

Les souvenirs personnels sont ceux qui demeurent les plus fidèles. L'accumulation des années n'a pas de prise sur eux. Longtemps encore après l'époque où se sont produits les évènements qu'ils rappellent, ils viennent nous hanter, retraçant à nos yeux l'image des êtres à peine entrevus qui les ont traversés.

Parmi les souvenirs de ce genre qui me sont restés du passage de l'armée de Sedan, il en est un bien présent à mon esprit, que je tiens à consigner ici. Ce sera pour moi l'occasion de rendre hommage à la mémoire d'un brave soldat disparu, auquel, avec la facilité des liaisons qu'a le jeune âge, je m'étais bien vite attaché, et que je n'ai pas vu s'éloigner sans ressentir une grande tristesse, bien que notre connaissance ne datât que de deux jours.

C'était un jeune lieutenant de cuirassiers, à la taille élevée, à la puissante carrure.

Une chute de cheval qu'il avait faite en arrivant avec l'armée dans le village, où, je l'ai dit déjà, l'étroitesse de la rue rendait difficile le défilé, était venue raviver les souffrances d'une blessure antérieure, reçue à Reichshoffen.

Cette chute condamnait l'officier à un repos qu'il avait désiré prendre — pour qu'il lui fût plus promptement profitable — dans l'éloignement de la bruyante agitation des camps.

Le hasard l'ayant fait entrer dans la maison de mon père, l'hospitalité lui fut offerte.

L'ordonnance laissé au service du blessé suffit à donner à celui-ci les soins réclamés par son état; et mes parents n'eurent guère que le logement à offrir à leur hôte, dont l'aimable délicatesse, d'ailleurs, n'avait d'égale que son obligeante bonté.

Pour ma part, je fus vite mis à l'aise et conquis par l'affabilité de l'officier.

Plusieurs fois dans la journée, je montais près de lui. D'une voix douce qui contrastait singulièrement avec son organisation athlétique, il m'engageait à m'asseoir et m'invitait à causer, faisant semblant de s'intéresser beaucoup à mon bavardage.

Je dois dire que, de son côté, il n'était pas avare de ses paroles ; il fallait que sa patience fût extrême pour qu'il ne se lassât pas de répondre à toutes mes questions plus ou moins importunes, à propos de ses batailles et des soldats qu'il y avait conduits.

Je me souviens de m'être plus d'une fois surpris en admiration et comme en extase, à ses récits, — surtout quand, détournant mes yeux des siens, je voyais dans un coin de la chambre, tout près de son sabre de géant, sa cuirasse bosselée par les balles des Prussiens, sa large cuirasse où la croix de la légion d'honneur, scintillante comme une étoile, se découpait sur le poli de l'armure.

L'aimable officier passait une grande partie de

son temps à écrire des lettres qu'un vaguemestre venait prendre deux fois par jour.

On a retrouvé après qu'il fut parti, dans la chambre par lui occupée, et mêlé à des papiers épars, un fragment d'une de ses correspondances.

A qui était-elle destinée ? à un frère, à un ami peut-être.

J'ai là, devant moi, cette feuille de papier couverte à moitié d'une grande et énergique écriture pâlie, comme rouillée par le temps.

C'est une lettre commencée, et probablement interrompue par la trompette du départ.

Pourquoi ne la reproduirais-je pas, après tout. N'est-elle pas comme une page vivante de l'histoire de la guerre ?

Je la transcris sans y rien changer :

« Ta lettre est venue me trouver à Châlons,
« m'apportant de tes chères nouvelles.

« C'est de Reims que je te réponds, de Reims
« où l'armée, dont mon régiment fait partie, se
« trouve depuis hier et d'où elle repartira vrai-
« semblablement sous peu de jours, pour

« prendre telle direction que nos généraux
« indiqueront.

« A en croire certains bruits qui me paraissent
« pourvus de fondement, l'Empereur ne serait
« pas d'accord avec le commandant en chef sur
« la décision à prendre à ce sujet. Comme tu
« dois le penser, ces choses d'une si grave
« importance se discutent en comité restreint,
« et nous n'en savons guère que ce qui nous
« est permis de discerner de certains ordres qui
« nous sont transmis, ou d'indications qui nous
« sont données par nos chefs de corps.

« Comment finira cette guerre si follement
« entreprise et si désastreusement menée?

« Où serons-nous dans un mois d'ici?

« Je ne désespère pas, malgré tout, car l'armée
« est décidée, et les Prussiens auront... »

La lettre s'arrête là.

A-t-elle été reprise et terminée? Je ne le crois pas.

Celui qui l'écrivait, dans la tranquillité de la convalescence, n'aura pu retrouver l'instant de loisir qui lui eût permis de l'achever.

Si j'en juge par certains souvenirs que j'ai gardés de sa conversation, par les apartés bien saisissables qui la coupaient, et que je n'ai compris que plus tard, une résolution virile était entrée dans son cœur de guerrier déterminé. Il était de la race de ceux qui consentent à se reposer lorsque le danger s'est éloigné, mais qui, dès qu'il redevient menaçant, savent réprimer jusqu'à leurs souffrances physiques pour l'affronter de nouveau.

Bien certainement, le vaillant officier n'a pas voulu attendre son complet rétablissement pour regagner son poste à la tête de ses soldats, et ses cuirassiers, ceux de son régiment même — je l'ai su depuis — ont chargé avec furie à Sedan. C'est en parlant d'eux que le vieux roi de Prusse, des hauteurs de Fresnois, où il voyait cette poignée de désespérés se briser contre ses troupes massées, s'écriait dans un élan d'admiration mal contenue : « Oh ! les braves gens ! »

Oui, le robuste soldat s'est fait tuer avec les siens.

Sa blessure de Reichshoffen n'était que comme

un avertissement de la mitraille qui l'entamait pour pouvoir plus sûrement l'abattre.

Il est mort, — car les grands cœurs comme lui sont fidèles à leurs engagements, et il avait pris celui de nous donner de ses nouvelles, puis, de venir nous revoir, la campagne finie, — or, ni l'une ni l'autre de ces promesses n'a été réalisée.

IX

DANS la nuit qui précéda le mardi, tout semblait dormir dans la campagne, lorsque vers une heure des gendarmes à cheval se présentèrent aux portes des habitations et se firent ouvrir.

Ils venaient apporter aux soldats qui y étaient logés l'ordre de se tenir prêts à marcher.

Au loin, dans l'ombre, les clairons sonnaient le ralliement.

La nouvelle, transmise de maison en maison, mit tout le monde debout, et une panique s'ensuivit.

On disait les Prussiens à Laon. Un grand combat dans nos plaines s'annonçait comme inévitable.

On entrevoyait déjà les horreurs sinistres de la bataille : les boucheries humaines, les catastrophes sanglantes, l'embrasement des foyers, la ruine, — et les femmes et les enfants tremblaient d'effroi, tandis que les soldats, calmes, stoïques, refaisant leurs sacs et apprêtant leurs armes, les rassuraient de leur mieux...

X

L'ARMÉE, réveillée, leva le camp et se remit en marche sous la pluie, par les routes détrempées, s'acheminant vers les Ardennes.

Faut-il le dire, les troupes ne cachaient pas leur manque de confiance en leurs chefs.

Jouets des tergiversations de l'Empereur, contre l'incurie duquel Mac-Mahon était trop faible pour réagir, nos soldats se désespéraient de tourner sur place au lieu d'aller droit à l'ennemi, et leurs mouvements hésitants, comme à tâtons, à travers un pays qui était le leur, éprouvaient rudement leur courage.

J'en vis un, un fantassin de la ligne, qui jetait à terre les cartouches de sa giberne.

Et, comme son chef le menaçait de punition.

— *A quoi bon les traîner davantage,* disait le soldat avec tristesse, *pour ne pas m'en servir !*

Tant d'efforts stériles, tant de fatigues vaines, étaient bien faits pour enrayer l'entrain des troupes.

C'est peut-être ce qui doit les excuser un peu du manque de soins qu'elles montrèrent, en partant, pour les choses les plus indispensables.

Les champs où elles avaient campé étaient couverts de souliers, de bidons et de gamelles dont le soldat se débarrassait comme d'un bagage encombrant.

Le linge non plus n'avait pas été emporté.

Pendant les jours qui suivirent le départ, les paysans chargèrent des voitures d'équipement de toute nature, qu'ils partageaient ensuite entre eux. Beaucoup même en firent le commerce.

On en retrouve encore la trace aujourd'hui dans beaucoup de villages des environs.

Nos hôtes nous dirent adieu et disparurent, noyés dans la mer de shakos, de casques et de képis qu'agitait la marche de l'armée, qui s'écoula lentement, et dont nous n'entendîmes plus parler que pour apprendre sa défaite, à Sedan.

XI

BIEN que ces notes écrites au hasard de la mémoire n'aient d'autre prétention que de fixer des évènements locaux; bien que les impressions qu'elles reproduisent soient des impressions personnelles, il n'est pas inutile que celui qui les retrace les complète d'une page d'histoire générale, ne fût-ce que pour rappeler quel rôle a joué dans la guerre de 1870 cette armée qui vint prendre, pour deux jours, ses cantonnements dans nos pays.

A la fin du mois d'août de cette année fatale, après les premiers combats livrés avec insuccès pour nos armes à la frontière, l'espoir de la France s'était reporté sur Mac-Mahon, dont les troupes avaient été vaincues, mais non décimées, et dont on avait pu d'ailleurs augmenter sensiblement la force numérique.

Metz venait de se laisser investir. Les cent quatre-vingt mille hommes qui composaient sa garnison, après les sanglantes et glorieuses batailles de Borny et de Gravelotte, étaient rentrés, sans qu'on pût savoir pourquoi, dans l'enceinte fortifiée de la ville, où l'inertie coupable de leur commandant en chef, Bazaine, devait les river à une inaction complète.

Mais on ne se doutait pas à ce moment qu'une armée semblable pût être rendue sans coup férir, et l'on comptait sur un grand effort de sa part pour briser le cercle de fer qui l'étreignait et en faisait déjà, pour ainsi dire, une armée prisonnière.

Ce grand effort pouvait être puissamment aidé par Mac-Mahon.

Pour y coopérer, il devait marcher sur Metz, et se précipiter avec fougue sur les derrières des troupes allemandes, en même temps que

Bazaine, par une violente attaque de front, les contraindrait de se disloquer.

Ce mouvement réussissant — et certes, il eût réussi si on l'eût tenté — les deux armées faisaient leur jonction; puis, avec leurs deux cent quatre-vingt mille soldats réunis, elles livraient aux forces envahissantes une grande bataille décisive. Si cette bataille devenait un nouvel échec pour nous, nous nous rabattions sur Paris qui s'armait et nous préparait de solides renforts, et alors, tout encore n'était pas perdu.

L'opération que j'indique avait été décidée. Mac-Mahon, pour y prêter la main, devait se porter rapidement en avant.

Un seul obstacle sérieux, l'armée du prince héritier de Prusse (1), pouvait l'arrêter dans sa marche offensive. Or, cette armée, entrant au cœur du pays, se dirigeait sur Châlons, bien certaine de n'être inquiétée par personne.

Et par qui aurait-elle pu l'être? Les seules troupes françaises restées maîtresses de leurs

---

(1) Depuis empereur d'Allemagne, sous le titre de Frédéric III, et mort en juin dernier.

mouvements n'étaient-elles pas en retraite ? Mac-Mahon, qui les commandait, ne semblait-il pas manœuvrer pour couvrir Paris ?

Cette douce quiétude de l'ennemi engagea le Maréchal, pour accentuer encore sa retraite simulée, à reculer jusqu'à Reims d'où il devait repartir aussitôt pour remonter les Ardennes, passer la Meuse et tomber sur l'armée prussienne investissant Metz. Ce coup de force, qui eût rompu les lignes ennemies, lui permettait de donner la main à Bazaine et de livrer, je le répète, le suprême combat dont l'issue — les Allemands eux-mêmes le reconnaissent — aurait pu changer singulièrement les destinées de notre pauvre France.

Mais, hélas! Mac-Mahon traînait à sa suite l'Empereur, ce rêveur fantasque et chimérique, dont les indécisions firent perdre à nos troupes l'avance qu'elles avaient sur celles du prince de Prusse, — lequel, s'apercevant de notre retour offensif, changea de front brusquement et se mit en route, à marches forcées, derrière nous.

C'est alors que le ministre de la guerre, M. de

Palikao, adressa de Paris cette dépêche devenue historique, dont j'extrais les passages saillants :

GUERRE A EMPEREUR. — QUARTIER IMPÉRIAL.

Paris, 27 août 1870, onze h. soir.

« Si vous abandonnez Bazaine, la révolution est dans Paris et vous serez attaqué vous-même par toutes les forces de l'ennemi. Contre le dehors Paris se gardera. Les fortifications sont terminées. Il me paraît urgent que vous puissiez parvenir rapidement jusqu'à Bazaine. Je vous ai télégraphié ce matin deux renseignements qui indiquent que le prince royal de Prusse, sentant le danger auquel votre marche tournante expose et son armée *et l'armée qui bloque Metz*, aurait changé de direction et marcherait vers le Nord. *Vous avez au moins trente-six heures d'avance sur lui*, peut-être quarante-huit heures. Vous n'avez devant vous qu'une partie des forces qui bloquent Metz et qui, vous voyant vous retirer de Châlons à Reims, s'étaient étendues vers l'Argonne. *Votre mouvement sur Reims les avait trompées*. Comme le prince royal de Prusse, tout le monde a senti la nécessité de dégager Bazaine, ET L'ANXIÉTÉ AVEC LAQUELLE ON VOUS SUIT EST EXTRÊME. »

L'anxiété de la France, Napoléon s'en souciait bien !

De Reims, point de départ, à Dun-sur-Meuse qu'il fallait atteindre, il y a quatre-vingts kilomètres, l'armée de Mac-Mahon en faisait douze par jour environ, soit trois lieues, quatre au plus. L'ennemi, lui, en faisait *le triple*.

Effondrement de toute espérance ! Nos soldats si courageux, mais si mal conduits, se virent bientôt entourés de forces ennemies colossales.

En face d'eux, l'armée du Roi, et une quatrième armée prussienne formée en hâte depuis le 19 août, commandée par le prince de Saxe ; derrière, celle du prince héritier, à laquelle son activité « strictement réglée » avait fait regagner l'avance que nous avions sur elle. Enfin, et comme si tout devait nous desservir dans le cours de cette funeste campagne, la vigoureuse sortie que devait opérer l'armée de Metz dans les derniers jours d'août, son chef Bazaine la contremanda, — voulant sans doute que les Prussiens, tranquilles de son côté, pussent disposer des troupes qui le bloquaient et les envoyer se joindre à celles déjà si nombreuses s'apprêtant à nous écraser.

Ce n'est que le 31, *à quatre heures de l'après-midi seulement,* que Bazaine se décida à agir, alors que tout déjà était compromis en Ardenne.

Le dénouement approchait.

Mac-Mahon, enserré comme dans un étau avec ses quatre-vingt mille soldats, se vit attaqué par deux cent cinquante mille Allemands.

Le premier choc eut lieu à Beaumont. Il ne put être soutenu par nos troupes, auxquelles on donna l'ordre de se retirer dans l'entonnoir de Sedan plutôt que de les diriger sur Mézières, dont la route était restée libre et par où elles eussent pu s'échapper.

« Mais une sorte d'aveuglement s'était emparé des chefs, dit un historien de la dernière guerre (1), et après avoir perdu le temps à Châlons, gaspillé les heures en chemin, on trouvait

---

(1) Jules Claretie.

encore le moyen de laisser passer l'occasion suprême de sauver ce qui nous restait de soldats. »

Concluons.

Le 1er septembre, l'empereur Napoléon III livra au roi de Prusse, qu'il appelait « son bon frère », l'armée qui avait campé pendant trente-six heures dans les plaines des environs de Reims, et dont la plus grande partie avait traversé deux fois le village de La Neuvillette.

XII

Alors, l'invasion, qu'aucun obstacle n'arrêtait plus, s'étendit...

C'est dans la nuit du 3 au 4 septembre qu'on apprit à Reims la honteuse capitulation de Sedan.

Dans la matinée du 4, les Prussiens se firent ouvrir les portes de la ville. Le peu de troupes françaises qu'on y avait laissé s'était déjà retiré sur Paris.

La masse sombre des Germains s'abattit sur la cité en deuil; leurs pas lourds souillèrent ses avenues.

On les voyait passer, joyeux dans leur féroce arrogance.

Ils raillaient nos malheurs et insultaient à nos larmes, — bandes affamées que la curée met en liesse, hordes d'esclaves que la victoire enivre.

. . . .

DIX ANS APRÈS

L E temps est le grand réparateur.

Il sèche les larmes et fait oublier les maux les plus durement soufferts.

Les vaincus se recueillent, mettant leur espoir en lui.

C'est par le temps que s'apaisent les douleurs de la défaite et que s'effacent ses humiliations.

Je me trouvais quelques années plus tard dans les profondes et vertes vallées où s'est livrée ce que l'histoire appelle la bataille de Sedan.

J'avais grandi, et l'âge avait fait de moi un homme.

Je parcourus les plaines, gravis les monts, abordai les bois, — témoins muets de la lutte où avait succombé sous le nombre l'armée alerte et vaillante, qu'enfant, j'avais vu passer au pays de ma naissance.

J'allai de Givonne à Bellevue, de Bazeilles à Saint-Menges, et partout, sur mes pas, se dressaient des croix, des pierres funéraires indiquant que ces soldats, aperçus dans la précipitation du défilé ou observés dans le calme du foyer paternel, reposaient là, confondus et silencieux, voués à l'anéantissement des années.

A travers les lueurs vagues du souvenir, je revoyais leurs visages, leurs yeux animés, leurs bouches souriantes, et il me semblait percevoir encore distinctement leurs voix.

Tous ces soldats, assis autour de la table servie par ma mère, narrant leurs exploits à ma jeune curiosité ; ce bel officier de cuirassiers dont nous avions soigné la blessure et qui avait promis de nous revenir, la guerre terminée ; mon ami le grand turco, si naïf et si généreux ;

mon gai petit lignard, qui m'avait donné de son pain — tous m'apparaissaient confusément, comme à travers un voile ensanglanté, et leurs ombres devant mes yeux s'agitaient comme des spectres.

J'étais haletant, en proie à une émotion poignante.

Je voulus fuir le champ de bataille, et rentrai dans la ville, que la nuit commençait à couvrir de ses ténèbres.

Une fanfare militaire retentissait dans les rues.

Je l'écoutai longtemps, rêveur...

Sa voix claire, vive, pressée, se répercutant au loin, parcourait les prairies frémissantes ; elle s'arrêtait aux ravins, s'envolait vers les bois, gagnait les monts escarpés, comme si elle eût voulu réveiller dans leurs tombes les héros qui y dorment, et dire à ces martyrs que l'heure des représailles sonnera un jour aux beffrois de France, — et qu'ils seront vengés !

6064 — Imp. coop. de Reims (N. Monce, dir.), rue Pluche, 24.

www.ingramcontent.com/pod-product-compliance
Lightning Source LLC
LaVergne TN
LVHW051508090426
835512LV00010B/2412